Mon ami le meurtrier

Arthur Conan Doyle

Writat

Cette édition parue en 2024

ISBN : 9789359944166

Publié par
Writat
email : info@writat.com

base de la communauté ; et leurs prix, leur reproduction et leurs maladies sont le principal sujet de conversation. Maintenant que moi, étant un étranger, je ne possédais ni l'un ni l'autre, et que j'étais totalement insensible au nouveau « creux », à la « pourriture » et à d'autres sujets apparentés, je me suis retrouvé dans un état d'isolement mental et j'étais prêt à le faire. saluer tout ce qui pourrait soulager la monotonie de mon existence. Maloney, le meurtrier, avait au moins une certaine particularité et individualité dans son caractère, et pouvait agir comme un tonique pour un esprit las des lieux communs de l'existence. J'ai décidé que je devrais suivre les conseils du gardien et prendre l'excuse pour faire sa connaissance. Ainsi, lorsque je fis ma ronde matinale habituelle , je tournai la serrure de la porte qui portait le numéro du forçat et entrai dans la cellule.

L'homme gisait en tas sur son lit rugueux lorsque j'entrai, mais, déroulant ses longs membres, il se releva et me regarda avec un air de défi insolent qui augure mal pour notre entrevue. Il avait un visage pâle et déterminé, avec des cheveux couleur sable et un œil bleu acier, avec quelque chose de félin dans son expression. Sa silhouette était grande et musclée, même s'il présentait une curieuse courbure au niveau des épaules, qui équivalait presque à une difformité. Un observateur ordinaire le rencontrant dans la rue aurait pu le qualifier d'homme bien développé, assez beau et aux habitudes studieuses : même dans l'uniforme hideux du plus pourri des bagnes, il donnait à sa tenue un certain raffinement qui le distinguait. parmi les voyous inférieurs autour de lui.

« Je ne suis pas sur la liste des malades », dit-il d'un ton bourru. Il y avait quelque chose dans la voix dure et rauque qui dissipa toutes les illusions les plus douces et me fit comprendre que j'étais face à face avec l'homme de la vallée de Lena et de Bluemansdyke , le bushranger le plus sanglant qui ait jamais envahi une ferme ou tranché la gorge de ses habitants. occupants.

"Je sais que ce n'est pas le cas," répondis-je. « Le gardien McPherson m'a dit que vous aviez un rhume, et j'ai pensé que j'allais vous voir. »

« Faites exploser le gardien McPherson, et faites exploser vous aussi ! cria le forçat dans un accès de rage. « Oh, c'est vrai », ajouta-t-il d'une voix plus calme ; « Dépêchez-vous ; signalez-moi au gouverneur, faites-le ! Donnez-moi encore six mois environ, c'est votre jeu.

«Je ne vais pas vous dénoncer», dis-je.

« Huit pieds carrés de terrain », a-t-il poursuivi, sans tenir compte de ma protestation et se mettant visiblement de nouveau en colère. "Huit pieds carrés, et je ne peux pas avoir ça sans qu'on me parle et qu'on me regarde, et... oh, au diable toute votre équipe !" et il leva ses deux mains serrées au-dessus de sa tête et les secoua avec une invective passionnée.

« Vous avez une curieuse idée de l'hospitalité », remarquai-je, déterminé à ne pas me mettre en colère et disant presque la première chose qui me vint à la bouche.

À ma grande surprise, ces paroles eurent sur lui un effet extraordinaire. Il parut complètement stupéfait de me voir accepter la proposition pour laquelle il avait tant lutté, à savoir que la pièce dans laquelle il se trouvait était la sienne.

« Je vous demande pardon, dit-il ; «Je ne voulais pas être impoli. Ne veux-tu pas t'asseoir ? et il lui montra un tréteau grossier qui formait la tête de son lit.

Je m'assis, plutôt étonné du changement soudain. Je ne sais pas si j'aimais mieux Maloney sous ce nouvel aspect. Le meurtrier avait, il est vrai, disparu pour une fois, mais il y avait quelque chose dans le ton doux et la manière obséquieuse qui évoquait puissamment le témoignage de la reine, qui s'était levée et avait juré de tuer ses compagnons de crime.

"Comment va ta poitrine?" Ai-je demandé en prenant mon air professionnel.

"Allez, laissez tomber, docteur, laissez tomber!" répondit-il en montrant une rangée de dents blanches alors qu'il reprenait sa place sur le côté du lit. « Ce n'est pas l'anxiété liée à ma précieuse santé qui vous a amené ici ; cette histoire ne passera pas du tout. Vous êtes venu voir Wolf Tone Maloney, faussaire, meurtrier, voleur de Sydney, garde forestier et pêcheur du gouvernement. C'est à propos de ma silhouette, n'est -ce pas ? Le voilà, clair et droit ; il n'y a rien de méchant chez moi.

Il s'arrêta comme s'il s'attendait à ce que je dise quelque chose ; mais comme je gardais le silence, il répéta une ou deux fois : « Je n'ai rien de méchant.

"Et pourquoi pas moi ?" » cria-t-il soudain, ses yeux brillants et toute sa nature satanique réaffirmant sa force. « Nous étions tous obligés de nous balancer, et ils n'en seraient pas pires si je me sauvais en me retournant contre eux. Chacun pour soi, dis-je, et le diable prendra le plus chanceux. Vous n'avez pas une boule de tabac, docteur, n'est-ce pas ?

Il a déchiré le morceau de « Barrett's » que je lui ai tendu, aussi voracement qu'une bête sauvage. Cela parut avoir pour effet de calmer ses nerfs, car il s'installa dans le lit et reprit son ancienne attitude dépréciante.

« Vous n'aimeriez pas cela vous-même, vous savez, docteur, dit-il. C'est assez pour rendre n'importe quel homme un peu bizarre dans son caractère. Cette fois, je suis condamné à six mois pour agression, et je suis vraiment désolé de devoir repartir, je peux vous le dire. Mon esprit est à l'aise ici ; mais quand je suis dehors, avec le gouvernement et avec Tom le Tatoué, de Hawkesbury, il n'y a aucune chance d'avoir une vie tranquille.

"Qui est-il?" J'ai demandé.

« C'est le frère de John Grimthorpe , le même qui a été condamné d'après mon témoignage ; et c'était aussi un coquin infernal ! Engeance du diable, tous les deux ! Ce tatoué est un voyou meurtrier, et il a juré d'avoir mon sang après ce procès. C'était il y a sept ans, et il me suit toujours ; Je sais qu'il l'est, même s'il reste discret et reste dans l'obscurité. Il est venu me voir à Ballarat en 1975 ; vous pouvez voir sur le dos de ma main, là où la balle m'a transpercé. Il a réessayé en 1976, à Port Philip, mais j'ai eu raison de lui et je l'ai grièvement blessé. Mais il m'a poignardé en 1979, dans un bar d'Adélaïde, et cela a fait que notre récit était à peu près au niveau. Il est de nouveau en train de flâner, et il laissera entrer le jour en moi... à moins que... à moins que, par quelque hasard extraordinaire, quelqu'un n'en fasse autant pour lui. Et Maloney eut un très vilain sourire.

"Je ne me plains pas tellement de *lui* ", *a-t-il poursuivi*. « À sa manière, il s'agit sans doute d'une sorte d'affaire familiale qu'on ne peut guère négliger. C'est le gouvernement qui me cherche. Quand je pense à ce que j'ai fait pour ce pays, puis à ce que ce pays a fait pour moi, cela me rend assez fou – la propreté me fait perdre la tête. Il ne reste plus ni gratitude ni décence, docteur ! »

Il a réfléchi à ses torts pendant quelques minutes, puis il m'en a exposé en détail.

« Voici neuf hommes, dit-il ; « Cela fait trois ans qu'ils assassinent et tuent, et peut-être qu'une vie par semaine ne dépasserait pas la moyenne du travail qu'ils ont accompli. Le gouvernement les attrape et les juge, mais il ne peut pas les condamner ; et pourquoi ? — parce que les témoins ont tous eu la gorge tranchée, et que tout le travail a été très proprement fait. Que se passe-t-il alors ? Arrive un citoyen appelé Wolf Tone Maloney ; il dit : « Le pays a besoin de moi, et me voici. Et sur ce, il témoigne, convainc tout le monde et permet aux becs de les pendre. C'est ce que j'ai fait. Il n'y a rien de méchant chez moi ! Et maintenant, que fait le pays en retour ? Il me harcèle, monsieur, m'espionne , me surveille nuit et jour, se retourne contre celui-là même qui a travaillé si dur pour cela. Il y a quelque chose de méchant là-dedans, de toute façon. Je ne m'attendais pas à ce qu'ils me fassent chevalier, ni qu'ils me nomment secrétaire aux Colonies ; mais bon sang ! Je m'attendais à ce qu'ils me laissent tranquille ! »

"Eh bien", lui ai-je remontré, "si vous choisissez d'enfreindre les lois et d'agresser les gens, vous ne pouvez pas vous attendre à ce que cela soit examiné à cause d'anciens services."

« Je ne parle pas de mon emprisonnement actuel, monsieur », dit Maloney avec dignité. « C'est la vie que je mène depuis cette maudite épreuve qui m'enlève l'âme. Asseyez-vous simplement là sur ce tréteau, et je vais tout vous raconter, puis regardez-moi en face et dites-moi que j'ai été traité équitablement par la police.

Je m'efforcerai de transcrire l'expérience du condamné dans ses propres mots, autant que je me souvienne, en préservant ses curieuses perversions du bien et du mal. Je peux répondre de la véracité de ses faits, quoi qu'on puisse dire de ses déductions. Des mois plus tard, l'inspecteur HW Hann, ancien gouverneur de la prison de Dunedin, m'a montré les entrées de son grand livre qui corroboraient chaque déclaration. Maloney a débité l'histoire d'une voix sourde et monotone, la tête baissée sur sa poitrine et ses mains entre ses genoux. . L'éclat de ses yeux serpentins était le seul signe des émotions suscitées par le souvenir des événements qu'il racontait.

Vous avez entendu parler de Bluemansdyke (commença-t-il avec une certaine fierté dans son ton). Nous l'avons fait chaud pendant que cela durait ; mais ils nous ont finalement fait tomber sur terre, et un piège appelé Braxton, avec un foutu Yankee, nous a tous pris. C'était en Nouvelle-Zélande, bien sûr, et ils nous ont emmenés à Dunedin, où ils ont été reconnus coupables et pendus. Tous ont levé les mains sur le banc des accusés et m'ont maudit jusqu'à ce que vous ayez le sang froid en les entendant – ce qui était un traitement de scorbut, étant donné que nous avions tous été amis ensemble ; mais c'était une bande de canailles qui ne pensaient qu'à eux-mêmes. Je pense que c'est bien qu'ils aient été pendus.

Ils m'ont ramené à la prison de Dunedin et m'ont enfermé dans l'ancienne cellule. La seule différence qu'ils ont faite, c'est que je n'avais pas de travail à faire et que j'étais bien nourri. J'ai tenu cela pendant une semaine ou deux, jusqu'au jour où le gouverneur faisait sa tournée, et je lui ai soumis l'affaire.

"Comment c'est?" J'ai dit. "Mes conditions étaient une grâce gratuite, et vous me gardez ici contre la loi."

Il eut une sorte de sourire. « Voudriez-vous vraiment sortir ? Il a demandé.

« À tel point, dis-je, que si vous n'ouvrez pas cette porte, j'aurai une action contre vous pour détention illégale. »

Il parut un peu étonné par ma résolution.

« Vous avez très hâte de mourir, dit-il.

« Que veux-tu dire ? J'ai demandé.

"Viens ici et tu comprendras ce que je veux dire," répondit-il. Et il m'a conduit dans le couloir jusqu'à une fenêtre qui donnait sur la porte de la prison. "Regarde ça!" a-t-il dit.

J'ai regardé dehors, et il y avait une douzaine de types à l'air rude se tenant à l'extérieur de la rue, certains fumant, d'autres jouant aux cartes sur le trottoir. Quand ils m'ont vu, ils ont poussé un cri et se sont rassemblés autour de la porte en brandissant les poings et en huant.

"Ils vous attendent, surveillez et surveillez", a déclaré le gouverneur. «Ils sont les dirigeants du comité de vigilance. Cependant, puisque vous êtes déterminé à y aller, je ne peux pas vous arrêter.

« Appelez-vous cela une terre civilisée, m'écriai-je, et laissez-vous un homme être assassiné de sang-froid, en plein jour ?

Quand j'ai dit cela, le gouverneur, le gardien et tous les imbéciles présents ont souri, comme si la vie d'un homme était une rare bonne plaisanterie.

« Je dois lui demander où se trouve l'argent – ils n'ont jamais eu le temps de s'en débarrasser et il est *caché* quelque part dans les montagnes – et ensuite je dois lui tendre le cou et envoyer son âme en bas. rejoignez les hommes qu'il a trahis.

Il me semblait que je savais quelque chose de ce *caché*, et j'avais envie de rire ; mais il m'observait, et j'ai été frappé par son esprit méchant et vindicatif.

« Je monte sur le pont », dis-je, car ce n'était pas un homme dont je tenais beaucoup à faire la connaissance.

Cependant, il ne voulait pas entendre parler de mon départ. « Nous sommes tous les deux mineurs, dit-il, et nous sommes amis pour le voyage. Descendez au bar. Je ne suis pas trop pauvre pour crier.

Je ne pouvais pas bien lui refuser, et nous descendîmes ensemble ; et ce fut le début des ennuis. Quel mal avais-je fait à qui que ce soit à bord ? Tout ce que je demandais, c'était une vie tranquille, laissant les autres tranquilles et restant seul moi-même. Aucun homme ne pourrait demander plus juste que cela. Et maintenant, écoutez ce qui en est ressorti.

Nous passions devant la cabine des dames, en route vers le salon, lorsqu'en sort une servante – une diablesse aux taches de rousseur – avec un bébé dans les bras. Nous la frôlions lorsqu'elle poussa un cri semblable à celui d'un sifflet de chemin de fer et faillit laisser tomber l'enfant. Mes nerfs ont fait une sorte de sursaut quand j'ai entendu ce cri, mais je me suis retourné et lui ai demandé pardon, laissant entendre que je pensais avoir marché sur son pied. Mais je savais que le jeu était terminé quand j'ai vu son visage blanc et elle appuyée contre la porte et pointant du doigt.

"C'est lui !" elle a pleuré; "c'est lui ! Je l'ai vu au palais de justice. Oh, ne le laisse pas blesser le bébé !

"Qui est-ce ?" » demandèrent l'intendant et une demi-douzaine d'autres en un souffle.

"C'est lui... Maloney... Maloney, le meurtrier... oh, emmenez-le... emmenez-le !"

Je ne me souviens pas très bien de ce qui s'est passé à ce moment-là. Les meubles et moi semblions être en quelque sorte mélangés, et il y avait des injures, des fracas, et quelqu'un criait pour son or, et une ronde générale piétinait. Quand je me suis un peu stabilisé, j'ai trouvé la main de quelqu'un dans ma bouche. D'après ce que j'ai compris par la suite, j'ai conclu qu'il appartenait à ce même petit homme à la façon vicieuse de parler. Il en a ressorti une partie, mais c'était parce que les autres m'étouffaient. Un pauvre type ne peut pas obtenir de fair-play dans ce monde quand une fois qu'il est à terre – et pourtant, je pense qu'il se souviendra de moi jusqu'au jour de sa mort – plus longtemps, j'espère.

Ils m'ont traîné à la dunette et ont tenu une foutue cour martiale – contre *moi*, remarquez ; *moi*, qui avais renversé mes copains pour les servir. Que devaient-ils faire de moi ? Certains ont dit ceci, certains ont dit cela ; mais le capitaine décida finalement de m'envoyer à terre. Le navire s'est arrêté, ils ont abaissé un bateau et j'ai été hissé à bord, toute la bande me huait dessus depuis les pavois, j'ai vu l'homme dont je parlais lui attacher la main, et j'ai senti que les choses pourraient être pires. .

J'ai changé d'avis avant d'arriver sur terre. J'avais compté que le rivage serait désert et que je pourrais me frayer un chemin vers l'intérieur des terres ; mais le navire s'était arrêté trop près des Heads, et une douzaine de peigneurs de plage et autres étaient descendus au bord de l'eau et nous regardaient fixement, se demandant ce que cherchait le bateau. Lorsque nous sommes arrivés au bord des vagues, le maître de coq les a salués et après avoir chanté qui j'étais, lui et ses hommes m'ont jeté à l'eau. Vous pourriez très bien avoir l'air surpris : le cou et la tête dans dix pieds d'eau, avec des requins aussi épais que des perroquets verts dans la brousse, et je les ai entendus rire alors que je pataugeais vers le rivage.

J'ai vite compris que c'était un travail pire que jamais. Alors que je sortais en courant à travers les herbes, je fus arrêté par un grand type avec un manteau de velours, et une demi-douzaine d'autres m'entourèrent et me retinrent fermement. La plupart d'entre eux avaient l'air de gens assez simples et je n'avais pas peur d'eux ; mais il y en avait un qui portait un chapeau en chou et qui avait une expression très méchante sur le visage, et le grand homme semblait être ami avec lui.

Ils m'ont traîné jusqu'à la plage, puis ils m'ont lâché et se sont mis en cercle.

"Eh bien, mon pote", dit l'homme au chapeau, "nous veillons sur toi depuis un moment par ici."

"Et très gentil de votre part aussi", répondis-je.

"Aucune de tes mâchoires", dit-il. « Allez, les garçons, qu'est-ce que ça va être : pendaison, noyade ou fusillade ? Regardez bien !

Cela ressemblait un peu trop à du business. "Non, ce n'est pas le cas!" J'ai dit. "J'ai la protection du gouvernement et ce sera un meurtre."

"C'est comme ça qu'on l'appelle", répondit celui en manteau de velours, aussi joyeux qu'un corbeau siffleur.

"Et tu vas m'assassiner parce que je suis un ranger ?"

« Au diable les Rangers ! » Dit l'homme. « Nous allons vous pendre pour avoir pêché contre vos copains ; et c'est la fin des palabres.

Ils m'ont passé une corde autour du cou et m'ont traîné jusqu'à l'orée du buisson. Il y avait de gros chênes verts et des gommiers bleus, et ils se jetèrent sur l'un d'eux pour commettre une mauvaise action. Ils ont passé la corde sur une branche, m'ont attaché les mains et m'ont dit de dire mes prières. Il semblait que tout était fini ; mais la Providence est intervenue pour me sauver. Cela semble assez agréable d'être ici et d'en parler, monsieur ; mais c'était un travail pénible de se tenir avec rien d'autre que la plage devant soi, et la longue ligne blanche des vagues, avec le bateau à vapeur au loin, et une bande de méchants à l'esprit sanglant autour de soi, assoiffés de vie.

Je n'ai jamais pensé que je devrais quelque chose de bon à la police ; mais ils m'ont sauvé cette fois-là. Une troupe d'entre eux roulait depuis la gare de Hawkes Point jusqu'à Dunedin, et entendant que quelque chose se passait, ils descendirent à travers la brousse et interrompirent les débats. J'ai entendu quelques groupes à mon époque, docteur, mais je n'ai jamais entendu de musique comme le tintement des éperons et des harnais de ces pièges alors qu'ils galopaient vers l'air libre. Ils ont déjà essayé de me pendre, mais la police a été trop rapide pour eux ; et l'homme au chapeau en frappa un sur la tête avec le plat d'une épée. J'ai été monté sur un cheval et, avant le soir, je me suis retrouvé dans mon ancien quartier de la prison municipale.

Mais le gouverneur n'en avait pas fini avec lui. Il était déterminé à se débarrasser de moi, et j'avais également hâte de le voir finir. Il a attendu environ une semaine jusqu'à ce que l'excitation commence à se dissiper, puis il m'a fait entrer clandestinement à bord d'une goélette à trois mâts à destination de Sydney avec du suif et des peaux.

Nous sommes allés loin en mer sans encombre et les choses ont commencé à paraître un peu plus roses . De toute façon, je me suis assuré d'avoir vu le reste de la prison. L'équipage avait une sorte d'idée de qui j'étais, et s'il y avait eu du mauvais temps, ils m'auraient jeté par-dessus bord, comme assez ; car ils étaient rudes et ignorants, et pensaient que je portais malheur au navire. Nous avons cependant fait une bonne traversée et j'ai été débarqué sain et sauf sur Sydney Quay.

Maintenant, écoutez simplement ce qui s'est passé ensuite. Vous auriez pensé qu'ils en auraient eu marre de me maltraiter et de me suivre à ce moment-là, n'est-ce pas, maintenant ? Eh bien, écoutez simplement. Il semble qu'un maudit bateau à vapeur soit parti de Dunedin pour Sydney le jour même de notre départ et soit arrivé avant nous, apportant la nouvelle de mon arrivée. Heureux s'ils n'avaient pas convoqué une réunion – une réunion de masse régulière – sur les quais pour en discuter, et j'y suis entré directement lorsque j'ai atterri. Ils n'ont pas tardé à m'arrêter et j'ai écouté tous les discours et résolutions. Si j'avais été un prince, il n'aurait pas pu y avoir plus d'excitation. En fin de compte, ils convinrent qu'il n'était pas juste que la Nouvelle-Zélande puisse imposer ses criminels à ses voisins et que je devais être renvoyé par le bateau suivant. Alors ils m'ont renvoyé comme si j'étais un foutu colis ; et après un autre voyage de huit cents milles, je me suis retrouvé pour la troisième fois à me déplacer à l'endroit d'où je suis parti.

A cette époque, je commençais à penser que j'allais passer le reste de mon existence à voyager d'un port à l'autre. Toutes les mains semblaient tournées contre moi, et il n'y avait ni paix ni tranquillité dans aucune direction. J'en avais presque marre au moment où je suis revenu; et si j'avais pu me lancer dans la brousse, je l'aurais fait et j'aurais tenté ma chance avec mes vieux copains. Mais ils étaient trop rapides pour moi et me gardaient sous clé ; mais j'ai réussi, malgré eux, à négocier ce *caché* dont je vous ai parlé, et j'ai recousu l'or à ma ceinture. J'ai passé encore un mois en prison, puis ils m'ont glissé à bord d'un bateau à destination de l'Angleterre.

Cette fois, l'équipage n'a jamais su qui j'étais, mais le capitaine en avait une assez bonne idée, même s'il ne m'a pas fait part de ses soupçons. J'ai deviné dès le début que cet homme était un méchant. Nous avons eu un bon passage, à l'exception d'un ou deux coups de vent au large du Cap ; et j'ai commencé à me sentir comme un homme libre quand j'ai vu le métier à tisser bleu du vieux pays et le petit bateau-pilote impertinent de Falmouth danser vers nous sur les vagues. Nous avons parcouru la Manche en courant et, avant d'atteindre Gravesend, j'avais convenu avec le pilote qu'il m'emmènerait à terre avec lui à son départ. C'est à ce moment-là que le capitaine me montra que j'avais raison de le considérer comme un homme intrusif et désagréable. J'ai emballé mes affaires telles qu'elles étaient et je l'ai laissé parler sérieusement au pilote pendant que je descendais prendre mon petit déjeuner. Lorsque je remontai, nous étions assez à l'embouchure du fleuve, et le bateau dans lequel je devais débarquer nous avait quittés. Le capitaine a dit que le pilote m'avait oublié ; mais c'était trop mince, et je commençai à craindre que tous mes anciens ennuis ne recommencent.

Mes soupçons ne tardèrent pas à se confirmer. Un bateau jaillit du bord de la rivière et une grande crique avec une longue barbe noire monta à bord. Je l'entendis demander au second s'ils n'avaient pas besoin d'un pilote de boue pour les emmener dans les biefs, mais il me semblait que c'était un homme qui en savait beaucoup plus sur les menottes que sur la direction, alors je tenu à l'écart de lui. Il traversa cependant le pont et me fit quelques remarques, tout en me regardant attentivement. Je n'aime en aucun cas les gens curieux, mais un étranger curieux avec de la colle sur les racines de sa barbe est le pire de tous, surtout dans ces circonstances. J'ai commencé à sentir qu'il était temps pour moi de partir.

J'ai vite eu une chance et j'en ai fait bon usage. Un gros charbonnier est passé à travers la proue de notre bateau à vapeur et nous avons dû ralentir très lentement. Il y avait une barge à l'arrière, et j'ai glissé par une corde et j'étais dans la barge avant que quiconque ne me manque. Bien sûr, je devais laisser mes bagages derrière moi, mais j'avais la ceinture avec les pépites autour de la taille, et la chance de faire dévier la police de ma trace valait bien plus que quelques cartons. Il était désormais clair pour moi que le pilote avait été un traître, tout comme le capitaine, et qu'il avait lancé les détectives à mes trousses. J'aimerais souvent pouvoir croiser à nouveau ces deux hommes.

J'ai traîné toute la journée autour de la barge pendant qu'elle dérivait sur le cours d'eau. Il y avait un homme en elle, mais c'était un gros et laid engin, et ses mains étaient trop chargées pour qu'il puisse regarder autour de lui. Vers le soir, alors qu'il faisait un peu sombre, je me dirigeai vers le rivage et me trouvai

Il souriait partout sur son visage laid quand j'ai dit cela.

«Nous savons tout sur vous, Maloney», répondit-il. « Si vous voulez une vie tranquille, retournez d'où vous venez. Si vous restez ici, vous êtes un homme marqué ; et quand vous serez surpris en train de trébucher, ce sera au moins une perpétuité pour vous. Le libre-échange est une bonne chose, mais le marché est trop peuplé d'hommes comme vous pour que nous soyons obligés d'en importer.»

Il me semblait qu'il y avait quelque chose dans ce qu'il disait, même s'il avait une façon désagréable de le dire. Depuis quelques jours, j'avais une sorte de mal du pays. Les voies des gens n'étaient pas mes voies. Ils me regardaient dans la rue ; et si je tombais dans un bar, ils s'arrêtaient de parler et s'éloignaient un peu, comme si j'étais une bête sauvage. J'aurais aussi préféré boire une pinte de vieux Stringybark plutôt qu'un seau plein de leurs liqueurs d'intestins pourris. Il y avait trop de fichues convenances. A quoi bon avoir de l'argent si on ne pouvait pas s'habiller comme on voulait, ni se présenter correctement ? Il n'y avait aucune sympathie pour un homme s'il tirait un peu quand il était à moitié terminé. J'ai vu un homme tomber à Nelson à plusieurs reprises avec moins de querelles qu'ils n'en feraient pour une vitre cassée. La chose était lente et j'en avais marre.

"Tu veux que je rentre ?" J'ai dit.

"J'ai reçu l'ordre de rester fidèle à vous jusqu'à ce que vous le fassiez", répondit-il.

"Eh bien," dis-je, "je m'en fiche si je le fais. Tout ce que je négocie, c'est que vous vous taisiez et que vous ne révéliez pas qui je suis, afin que je puisse avoir un bon départ une fois arrivé là-bas.

Il a accepté et nous sommes allés à Southampton le lendemain, où il m'a reconduit sain et sauf. Je pris un passage jusqu'à Adélaïde, où personne ne risquait de me connaître ; et là je me suis installé, juste sous le nez de la police. J'étais là depuis, menant une vie tranquille, mais pour de petites difficultés comme celle que je vis en ce moment, et pour ce diable, Tatoué Tom, d'Hawkesbury. Je ne sais pas ce qui m'a poussé à vous raconter tout cela, docteur, à moins que la solitude ne donne envie à un homme de gueuler quand il en a l'occasion. Mais attention, je te préviens. Ne vous mettez jamais au service de votre pays ; car votre pays ne fera pas grand-chose pour vous. Laissez-les simplement s'occuper de leurs propres affaires ; et s'ils ont du mal à pendre un groupe de canailles, qu'ils n'hésitent pas à y contribuer, mais qu'ils fassent de leur mieux. Peut-être qu'ils se souviendront de la façon dont ils m'ont traité après ma mort, et qu'ils seront désolés de m'avoir négligé, j'ai été impoli avec toi quand tu es entré, et j'ai juré un peu de promiscuité : mais ne te dérange pas, ce n'est que mon chemin. Vous conviendrez cependant que j'ai lieu d'être un peu susceptible de temps en temps quand je pense à tout ce qui s'est passé. Tu n'y vas pas, n'est-ce pas ? Eh bien, si vous le devez, vous le devez ; mais j'espère que vous me consulterez à des moments étranges lorsque vous ferez votre tournée. Oh, dis-je, vous avez laissé le reste de cette galette de tabac derrière vous, n'est-ce pas ? Non; c'est dans ta poche, ce n'est pas grave. Merci , docteur , vous êtes un bon type et aussi prompt à donner des indices que n'importe quel homme que j'ai rencontré.

Quelques mois après avoir raconté ses expériences, Wolf Tone Maloney a terminé sa peine et a été libéré. Pendant longtemps, je ne l'ai plus vu ni entendu parler de lui, et il avait presque disparu de ma mémoire, jusqu'à ce que je me rappelle, d'une manière quelque peu tragique, son existence. J'avais soigné un patient à quelque distance dans la campagne, et je revenais à cheval, guidant mon cheval fatigué parmi les rochers qui jonchaient le sentier, et m'efforçant de me frayer un chemin à travers l'obscurité grandissante, lorsque je suis soudainement tombé sur une petite auberge au bord de la route. . Alors que je conduisais mon cheval vers la porte, avec l'intention de m'assurer de mes repères avant de continuer, j'entendis le bruit d'une violente altercation dans le petit bar.

Il semblait y avoir un chœur de protestations ou de remontrances, au-dessus duquel deux voix puissantes résonnaient haut et en colère. Pendant que j'écoutais, il y eut un silence momentané, deux coups de pistolet retentirent presque simultanément et, avec un fracas, la porte s'ouvrit brusquement et deux silhouettes sombres sortirent en chancelant dans le clair de lune. Ils luttèrent un instant dans une lutte à mort, puis descendirent ensemble parmi les pierres détachées. J'étais descendu de cheval et, avec l'aide d'une demi-douzaine de gaillards du bar, je les avais éloignés les uns des autres.

Un simple coup d'œil suffisait pour me convaincre que l'un d'eux était en train de mourir rapidement. C'était un homme trapu et costaud, avec un visage déterminé. Le sang coulait d'un profond coup dans sa gorge et il était évident qu'une artère importante avait été sectionnée. Je me suis détourné de lui, désespéré, et me suis dirigé vers l'endroit où gisait son antagoniste. Il a reçu une balle dans les poumons, mais a réussi à se relever sur sa main alors que je m'approchais et a regardé mon visage avec anxiété. À ma grande surprise, j'ai vu devant moi les traits hagards et les cheveux blonds de ma connaissance en prison, Maloney.

"Ah, docteur !" dit-il en me reconnaissant. "Comment est-il? Va-t-il mourir ?

Il posa la question avec tant de sérieux que j'imaginai qu'il s'était adouci au dernier moment et craignait de quitter le monde avec un autre homicide sur la conscience. La vérité, cependant, m'obligea à secouer tristement la tête et à laisser entendre que la blessure serait mortelle.

Maloney poussa un cri sauvage de triomphe, qui fit couler le sang entre ses lèvres. "Ici, les garçons," haleta-t-il au petit groupe autour de lui. « Il y a de l'argent dans ma poche intérieure. Au diable la dépense ! Boissons rondes. Il n'y a rien de méchant chez moi. Je boirais bien avec toi, mais j'y vais. Donnez ma part au docteur, car il est aussi bon… » Ici, sa tête retomba avec un bruit sourd, ses yeux vitreux, et l'âme de Wolf Tone Maloney, faussaire, forçat, ranger, meurtrier et pêcheur du gouvernement, s'éloigna dans le Grand Inconnu.

Je ne peux conclure sans emprunter le récit de la querelle fatale paru dans la chronique du *West Australian Sentinel* . Les curieux le trouveront dans le numéro du 4 octobre 1881 :

« Affaire fatale. — WT Maloney, un citoyen bien connu de New York.

Montrose et propriétaire du salon de jeu Yellow Boy,

a connu sa mort dans des circonstances plutôt douloureuses.

M. Maloney était un homme qui avait mené une existence mouvementée et

dont l'histoire est pleine d'intérêt. Certains de nos

les lecteurs se souviennent peut-être des meurtres de la vallée de la Léna, au cours desquels il

apparaît comme le principal criminel. On suppose que

pendant les sept mois où il possédait un bar dans cette région,

de vingt à trente voyageurs furent harcelés et chassés

avec . Il réussit cependant à échapper à la vigilance de

les officiers de justice, et s'allia avec les

bushrangers de Bluemansdyke , dont la capture héroïque et

l'exécution ultérieure relève de l'histoire. Maloney

s'extirper du sort qui l'attendait en

transformer le témoignage de Queen. Il visita ensuite l'Europe, mais

est retourné en Australie occidentale, où il a longtemps joué un

rôle important dans les affaires locales. Vendredi soir, il rencontré un vieil ennemi, Thomas Grimthorpe , communément connu

comme Tatoué Tom, de Hawkesbury.

« Des coups de feu ont été échangés et tous deux ont été grièvement blessés.

survivre quelques minutes. M. Maloney avait la réputation de

étant non seulement le meurtrier le plus grossier qui ait jamais vécu,

mais aussi d'avoir une finition et un souci du détail dans

des questions de preuve qui n'ont été abordées par aucun

Criminel européen. Sic transit gloria mundi ! »